Rudolf Baumbach

Krug und Tintenfass

Rudolf Baumbach

Krug und Tintenfass

ISBN/EAN: 9783744639897

Hergestellt in Europa, USA, Kanada, Australien, Japan

Cover: Foto ©ninafisch / pixelio.de

Weitere Bücher finden Sie auf **www.hansebooks.com**

GEDICHTE

VON

RUDOLF BAUMBACH

SECHZEHNTES TAUSEND

LEIPZIG
VERLAG VON A. G. LIEBESKIND
1898

INHALT.

AUS HALBVERGANGENER ZEIT. Seite

Die beiden Hausgeister . . . . 3—4
Der Friedel und die Nachtigall 5
Der freudige Hans . . . . 6—7
Beim neuen Wein . . . . 8—10
Naumburger . . . . 11—12
Beim Sauern 13
Das Fass von Rüdesheim . . . . 14—15
Sonntagmorgen . . . . 16—17
Das schwatzhafte Wasser . . . . 18—19
Der Klügste . . . . 20—21
Rosen und Disteln . . . . 22—23
Die Wurzel der Wahrheit . . . . 24—26
Die ungleichen Wandergesellen . . . . 27—29
Zu spät geboren . . . . 30—31
Du bist gewarnt 32
Das Zauberkraut . . . . 33—34
Eifersucht 35

	Seite
Rufe mich	36
Nächtliche Wanderung	37—38
Allerseelen	39—40
Mein Herz ist stark und frei	41—42
Die Linde von Grimmenthal	43—45
An eine Brau	46—47
Staub	48—49
Ein böser Traum	50—51
Es war einmal	52—55
Meine Jugend	56—57

LEHRHAFTES.

Der Tisch des Saladin	61—64
Alexander und sein Lehrer	65
Die Bittschrift	66
Unersättlich	67—69
Das Gastmahl der Olympias	70—72
König Salomon und der Sperling	73—74
Der Schmied und die Katze	75—76
Der gelehrte Mäusejüngling	77—78
Doppelter Ersatz	79
Die zwei Lämmer	80—81
Die Affen und der Glühwurm	82—84
Die geschmückte Krähe	85 86
Der kreissende Berg	87—88
Die sterbende Eiche	89—90
Aufwärts	91

VII

	Seite
Die Amsel	92—93
Heimchen und Todtenuhr	94—95
Der Wagenlenker	96—97
Der Dichter Lump	98
Getrennte Wege	99—100
Der Satiriker	101
Der Mai	102—106
Epistel	107—110
Noch eine Epistel	111—116
Ein Dutzend Papierschnitzel	117—119

ANHANG.
   Das Lied vom Hütes . . . . | 120—128

AUS HALBVERGANGENER ZEIT.

DIE BEIDEN HAUSGEISTER.

Zwei Geister hab' ich — wer glaubt mir das?
Daheim in meiner Klause;
Der eine ist im Tintenfass,
Im Krug der andre zu Hause.
Im Weinkrug poltert der eine laut,
Und allzeit lustig ist er,
Der Tintengeist gar finster schaut,
Ein grämlicher Magister.

Der schwarze raunt mir Worte zu,
Mitunter ziemlich kluge,
Dann hält der andre keine Ruh'
Und hebt den Deckel vom Kruge.
Sie sind im Streite für und für,
Sie können sich nicht vertragen,
Und hab' ich hinter mir die Thür,
So fassen sie sich beim Kragen.

*Jüngst haben sie Frieden einmal gemacht;
Das war zu meinem Fluche.
Der lustige war um Mitternacht
Beim schwarzen zu Besuche,
Und als ich später kam nach Haus
Und sass zu schreiben nieder,
Entflossen meinem Kiel — o Graus!
Nur Schlemmer- und Schelmenlieder.*

*Beschämt hab' ich am Morgenlicht
Den Greuel überlesen,
Indess war aber der Tintenwicht
Im Weinkrug Gast gewesen,
Denn als ich lechzend trank das Nass,
War's herb und gallenbitter. —
Ich schlüg' am liebsten Tintenfass
Und Krug in tausend Splitter.*

DER FRIEDEL UND DIE NACHTIGALL.

Der Friedel zählte Zwanzig kaum,
War frisch und jugendfroh,
Und schlug die Nachtigall im Baum,
Dann sprach der Friedel so:
„Flieg' auf, flieg' auf Frau Nachtigall
Und grüsse mein Lieb viel tausendmal!"

Der Friedel von der Freude schied,
Sein Herz war sterbenswund,
Und sang die Nachtigall ihr Lied,
So sprach sein bleicher Mund:
„O Nachtigall sei still, sei still!
Mein armes Herze brechen will."

Jetzt hat er Runzeln überall,
Sein Lockenhaar verblich,
Und hört er eine Nachtigall,
Dann denkt er so bei sich:
„Die Nachtigall ein Vogel ist,
Der fleissig singt und Würmer frisst."

DER FREUDIGE HANS.

Das war der Hans, der freudige Mann;
Von dem will ich euch melden.
Den preis' ich, der sich freuen kann
Gleich meinem wackeren Helden.

Es freute sich der Hans am Tag,
Im Bett zu ruhen geborgen,
Er freute sich, wenn er im Bette lag,
Auf einen schönen Morgen.

Er freute sich, als er zur Schule kam,
Dass man Vakanzen ihm gönne
Und dass er später den ganzen Kram
Der Weisheit vergessen könne.

Wenn ihn die Stiefel drückten recht,
Verbiss er seinen Jammer
Und freute sich auf den Stiefelknecht
Daheim in seiner Kammer.

Er freute sich, als er ein Mädchen fand,
Sie heimzuführen als Gatte
Und freute sich auf den Wittwerstand,
Als er den Drachen hatte.

Bei trocknem Brot er freudig sprach:
„Heut brauch' ich nicht zu kochen."
Er freute sich, als er das Schienbein brach,
Dass nicht der Hals gebrochen.

Er lag im Bett in herber Qual
Und freute sich auf Genesung,
Im Sterben auf den Himmelssaal
Und nützliche Verwesung.

BEIM NEUEN WEIN.

*Ein Bäumlein seh' ich ragen
Am weissen Winzerhaus,
Das will den Menschen sagen:
Hier schenkt man Neuen aus.
Aus feuchten Kellerkammern
Ein süsses Duften weht. —
Der Mann ist zu bejammern,
Der hier vorüber geht.*

*Es lupft der Wirth die Haube
Und streicht den rothen Latz.
„Im Garten in der Laube
Ist noch für Einen Platz."
Er spricht's, und in den Keller
Still lächelnd taucht er ein. —
Fahrwohl mein letzter Heller!
Es muss geschieden sein.*

Gott grüss' euch allmitsammen
Und geb' euch froh' Gemüth!
Hei wie die Wangen flammen
Und manche Nase glüht!
Es trank die Traube heuer
Sich satt an Sonnenlicht,
Drum strahlt wie rothes Feuer
Der Trinker Angesicht.

Am Zechtisch sitzt behaglich
Der Pfarrer obenan.
Wer besser trinkt, ist fraglich,
Er oder der Kaplan.
Schulmeister durch die Brille
Blickt kreuzfidel umher
Und trinkt in aller Stille
Den dritten Schoppen leer.

Amtsschreiber nippt manierlich
Nach feiner Städter Art;
Der Förster minder zierlich
Taucht in das Glas den Bart.
Des Dorfes kluger Bader
Den schweren Humpen hebt.
Ich glaub', der Mann kam grader
Als er nach Hause schwebt.

Der reiche, stolze Meier
Vertrinkt den Thaler schwer
Und seine Betteldreier
Der Bruder Straubinger.
Sie sitzen auf den Bänken
Verträglich, Arm und Reich. —
In Kirchen und in Schenken
Sind alle Menschen gleich.

Es wandelt auf und nieder
Ein Mägdlein braun und rund.
Roth wie an ihrem Mieder
Die Nelke ist ihr Mund.
Es macht die flinke Kleine
Kein freies Scherzwort bang. —
Nun fehlt zu Weib und Weine
Nichts weiter als Gesang.

Der Meister von der Schule
Wischt sich die Lippen ab,
Jetzt steht er auf dem Stuhle
Und schwingt im Takt den Stab,
Und zu der Gläser Läuten
Klingt durch die Laube hin:
Ich weiss nicht, was soll es bedeuten,
Dass ich so traurig bin.

NAUMBURGER.

Zu Naumburg reift ein Weingetränk
An Laube, Pfahl und Mauer,
Und wenn ich an die Reben denk',
Erfasst mich kalter Schauer.
Es mag wohl heute besser sein,
Vor Zeiten aber war der Wein
      Sehr sauer.

Vor Alters predigten im Dom
Des Klosters fromme Greise.
Denselben floss von Wein ein Strom
Zu Fleisch und Fastenspeise.
Es ging im Refektorium
Ein riesengrosses Trinkfass um
      Im Kreise.

Das ward dem Bischof kund gethan;
Der kam mit Kreuz und Stabe
Und predigte die Mönche an
Und krächzte wie ein Rabe,
Und als die Predigt fertig war,
Da bot man ihm den Becher dar
  Zur Labe.

Den Becher hob zum Mund empor
Der fromme Gottesstreiter;
Sein Mund verzog sich bis an's Ohr,
Dann sprach er mild und heiter:
Wer solchen Wein trinkt fort und fort,
Dem wird vergeben hier und dort.
  Trinkt weiter!

BEIM SAUERN.

Den besten Wein im deutschen Land,
Den hat der Rath zu Bremen,
Und dass mir der noch unbekannt,
Erfüllt mein Herz mit Grämen.
Ach, würde mir ein Krug zum Lohn
Vom ältesten der Fässer,
Ich sänge wie Anakreon,
Vielleicht noch etwas besser,
Und würde mein das ganze Fass,
So schrieb' ich eine Ilias.

Doch weil mir nicht der Beste rinnt,
Soll Durst mich nicht verderben,
Lauf, lauf du flinkes Schenkenkind
Und bring mir deinen Herben!
Willkomm du kühler Sauerborn,
Du Festgetränk der Bauern!
Ein Bursch von echtem Schrot und Korn
Singt auch ein Lied beim Sauern.
Nur schelte! nicht, wenn's schlecht gerieth,
Denn wie der Wein, so auch das Lied.

DAS FASS VON RÜDESHEIM.

Ein Pfahlwerk ward gezogen
Jüngst aus des Rheines Grund.
Die Herren Philologen
Beguckten schlau den Fund.
Sie stritten hin, sie stritten her,
Ob's Cäsar oder Drusus wär',
Der in vergangnen Tagen
Hier eine Bruck geschlagen.

Da nahm ein Bürger schlichte
Das Holz in Augenschein,
Der wenig von Geschichte
Und viel verstand von Wein.
„Du Holz, das schnödes Wasser schlang
Beinah zweitausend Jahre lang,
Nun lern' in alten Tagen
Auch edlen Wein vertragen!"

*Er schnitt das Holz zu Dauben
Und baute draus ein Fass;
Von Rüdesheimer Trauben
Goss er hinein das Nass.* —
*Es klärt sich schon das süsse Blut,
Der Wein wird fein, das Fass ist gut,
Und wird es angeschlagen,
So lasst mir Botschaft sagen.*

*Dann füllt den Saft der Reben
In tönenden Krystall
Und lasst den Moltke leben,
Den greisen Feldmarschall.
Lieb Vaterland magst ruhig sein!
Von drüben soll uns über'n Rhein
Heut und in späten Tagen
Kein Feind mehr Brücken schlagen.*

SONNTAGMORGEN.

Schritt der Mai in jüngster Nacht
Ueber Flur und Haide;
Als die Erde aufgewacht,
Trug sie grüne Seide.
Mit dem Kamm hat sie gestrählt
Sonne unverdrossen
Und Demanten ungezählt
Ueber sie gegossen.

Seine Herde lässt der Hirt
Springen aus dem Pferche.
Ueber jungen Saaten schwirrt
Sonnenfroh die Lerche.
Kukuk ruft und Wiedehopf
Und im Zaun der Ammer,
Und der Maulwurf hebt den Kopf
Aus der dunklen Kammer.

Drüben seh' ich aus dem Gras
Zwei Paar Löffel ragen.
Was die Häsin und der Has
Wohl in's Ohr sich sagen?
Raunen wohl dasselbe Lied,
Das die Spatzen singen,
Das der Frosch aus Moor und Ried
Brünstig lässt erklingen.

In den Sang der Kreatur
Klingen Kirchenglocken,
Wollen aus der grünen Flur
Mich zur Kirche locken.
Fromme Frauen zieh'n vorbei,
Beten Rosenkränze. —
Guter, alter Pfarr verzeih',
Dass ich wieder schwänze.

Hab' daheim mein schwarzes Buch
Tief im Grund des Schreines,
Hab' vergessen Lied und Spruch,
Doch mich tröstet Eines:
Wer der Sonnenleuchte Pracht
Hing in's Weltgebäude
Und die Bäume grün gemacht,
Gönnt mir meine Freude.

DAS SCHWATZHAFTE WASSER.

Am Himmel hing das Silberhorn,
Und linde Mailuft wehte,
Da sass der Hans am Waldesborn
Und herzte seine Grete.
Das bunte Volk der Vögel schlief,
Kein Lauscher war darunter,
Die alten Tannen träumten tief,
Der Bach allein war munter,
Und lustig lachend sang die Fluth:
„Der Hansel ist der Gretel gut."

Der Waldbach kam nach kurzer Frist
Zum goldnen Stern geschwommen.
Dort sprach der Wirth mit arger List:
„Ei Bächlein, schön willkommen!"
Und goss die Wasserfluth alsbald
In's Weinfass unverfroren;
So kam die neue Mär vom Wald
Den Durstigen zu Ohren.
Da raunten sie im goldnen Stern:
„Der Hansel hat die Gretel gern."

*Die Grete wünschte gute Nacht
Und liess den Hans alleine,
Und weil das Küssen durstig macht,
So ging der Hans zum Weine.
Am Zechtisch sass er untenan
Und trank mit tiefen Zügen;
Da drängte sich der Schwarm heran
Mit frischgefüllten Krügen,
Sie stiessen an und riefen laut:
„Der Hansel hoch und seine Braut!"*

DER KLÜGSTE.

Es sassen Drei beim Fassgebind
Im Schatten grüner Tannen
Und schauten nach des Wirthes Kind
Mehr als nach ihren Kannen.
Der Erste trug am Gürtel vorn
Ein Fässlein Tintenbitter,
Der Zweite trug ein Jägerhorn,
Der Dritte eine Zither.

Da sprach mit List die schöne Magd.
„Bald schlägt die Abschiedsstunde.
Als Zehrgeld sei euch nicht versagt
Ein Kuss von meinem Munde.
Doch Einen nur, dass ihr es wisst,
Soll meine Lippe laben.
Wer unter euch der Klügste ist,
Der soll das Zehrgeld haben."

Der Knabe mit dem Tintenfass
Erhob sich von dem Stuhle.
„*Zehn Jahre ohne Unterlass*
Verbracht' ich auf der Schule.
Was alter Bücher Weisheit spricht,
Das hab' ich kennen lernen,
Ich fürchte selbst den Teufel nicht
Und lese in den Sternen."

„*Mir ist's, als ob im Hagedorn*
Ein junger Gimpel sänge."
So sprach der mit dem Jägerhorn
Und schlug an's Wehrgehänge.
„*Ich hab' gelernt im Tannwald dicht*
Bei Füchsen und bei Dachsen,
Ich höre, was der Vogel spricht
Und wie die Gräser wachsen."

Der Dritte sprach: „*Ich bin ein Tropf,*
Muss euch den Vorrang lassen,
Nur die Gelegenheit beim Schopf
Hab' ich gelernt zu fassen."
Er sprach's und sprang vom Zechertisch
Auf mit behenden Sohlen
Und thät sich von zwei Lippen frisch
Den Lohn der Klugheit holen.

ROSEN UND DISTELN

Röslein aus der Hecke blickt.
„Ei, das muss ich brechen!"
Doch der Hans ist ungeschickt,
Und die Dornen stechen.

Aus der Hand des wunden Manns
Kommt das Blut geronnen,
Und den Finger taucht der Hans
Grollend in den Bronnen.

Sass ein Kräuterweib am Born,
Sprach mit weiser Zunge:
„Keine Rose ohne Dorn.
Merk' dir das, mein Junge!"

Hänschen glättet sein Gesicht,
Lässt den Strauch im Rücken.
Weil die dumme Rose sticht,
Will er Disteln pflücken.

*Disteln haben keinen Stolz,
Sind bescheidne Dinger. —
Au! Da sitzt der Distel Bolz
Tief in seinem Finger.*

*Hänschen lass den Distelstrauch,
Sollst dich nicht erbosen.
Schau, die Disteln stechen auch;
Brich du lieber Rosen.*

DIE WURZEL DER WAHRHEIT.

Es ging zu Wald ein schönes Kind,
Wollt' rothe Beeren lesen.
Was flog heran wie Wirbelwind?
Ein Hexlein auf dem Besen.
Die Hexe griff in ihren Schurz
Und gab der Schönen eine Wurz.

Dann sprach sie so: „Nun hör' mich an.
Die Wurzel sollst du tragen;
Es zwingt ihr Zauber jeden Mann
Die Wahrheit dir zu sagen.
Behüt' die Wurzel gut, mein Kind,
Und lern', wie schlecht die Männer sind."

Die Hexe schwand. — Nach kurzer Zeit
Der Förster kam gegangen;
Der hatte jüngst ein Weib gefreit
Mit vollen, rothen Wangen. —
„Herr Förster, ohne Hinterlist
Sagt an, was Euch das liebste ist?"

„Das ist der Wald. Mit Seel' und Leib
Bin ich dem Wald ergeben;
Und hätt' ich nicht das böse Weib,
So wär's ein herrlich Leben,
Doch wenn sie auch ein Engel wär'
Die Wälder liebt' ich dennoch mehr."

Das Mädchen liess das Fragen sein
Und ging in tiefem Schweigen.
Da sass ein Spielmann auf dem Stein
Und stimmte seine Geigen.
„Ei lieber Spielmann, sag' mir frei,
Was dir das allerliebste sei."

„Wenn mir den Krug die Käthe schwenkt
Im Hirsch, so ist es diese,
Wenn mir die Liese Rothen schenkt
Im Lamm, so ist's die Liese,
Und zech' ich Nachts im weissen Schwan,
Hat mir's die Gretel angethan."

Die Dirne wandte kurz sich ab;
Es war ihr trüb zu Muthe.
Am Waldbach sass ein brauner Knab
Mit Netz und Angelruthe. —
Im Mieder, das die Wurzel trug,
Das Herze wie ein Hammer schlug.

„Und ist mein Glück auch nur ein Traum,
Ich will mir's nicht vergällen!" —
Sie warf die Wurzel in den Schaum
Der ungestümen Wellen,
Dann sprang sie wie ein junges Reh
Zu ihrem Friedel durch den Klee.

Die Wurz kam nimmermehr zurück,
Sie ward in's Meer getragen.
Ob's für das Pärlein war ein Glück,
Das weiss ich nicht zu sagen.
Doch freut es manchen nicht gering,
Dass solche Wurz verloren ging.

DIE UNGLEICHEN WANDERGESELLEN.

Es war einmal ein ungleich Paar,
Das wollte zusammen wandern;
Den Einen umwallte nussbraun Haar,
Schneeweiss Gelock den Andern.
Der Eine war ein leichter Knab
Und wie ein Hirsch behende,
Der Andre schlich am Wanderstab
Mit altersschwacher Lende.

Der Alte sprach wie Salomo
Von Gottes Macht und Gnade,
Der Junge jubelte lerchenfroh
Und sprang wie eine Cicade.
Der Alte sah verdrossen drein
Und brummte zwischen den Zähnen,
Da liess der Junge das Singen sein
Und hörte zu mit Gähnen.

Der Dudelsack im Dorf erklang
Und heller Ton der Geigen,
Und um die breite Linde schlang
Das junge Volk den Reigen.
Der Alte schritt durch's Tanzgewühl
Mit tiefgefurchter Stirne,
Der Junge lachte mit Lustgefühl
Auf jede hübsche Dirne.

Der Junge trat zum Reigen an
Und thät ein Mädel fassen;
Der Alte hätte gern mitgethan,
Doch musst' er's bleiben lassen,
Und als der Knab' sich einen Kuss
Von rothem Mund genommen,
Da sprach der Alte mit Verdruss:
„Schau, dass wir weiter kommen."

Sie thäten wieder fürbass zieh'n;
Es war ein böses Wandern,
Denn was dem Einen löblich schien,
Das deuchte schlecht den Andern.
Sie schritten stumm und seufzten schwer,
Und jeder gelobte leise:
„Mit deinesgleichen nimmermehr
Begeb' ich mich auf die Reise."

*Doch als das Paar zur Herberg kam
Mit ausgedörrter Kehle,
Da waren sie plötzlich — wundersam —
Ein Herz und eine Seele.
Sie sassen auf der Eichenbank
Und tranken rothen Unger;
Der Junge wie ein Alter trank,
Der Alte wie ein Junger.*

ZU SPÄT GEBOREN.

Kind, du heisst mich einen Thoren?
Unrecht wahrlich thust du mir.
Nur zu spät bin ich geboren,
Um ein halb Jahrtausend schier.

Dir zu Lieb' auf Abenteuer
Zög' ich aus im Morgenroth,
Zwerge, Riesen, Ungeheuer
Schlüg' ich dir zu Ehren todt.

Doch die Blätter umzuschlagen,
Sitzt du singend am Klavier,
Korb und Hut dir nachzutragen,
Holde, das erlasse mir.

Einen Sarazenen spalten
Wär' mir eine Kleinigkeit,
Aber dir das Garn zu halten,
Wär' ich seufzend nur bereit.

Fangen einen Mohrenfürsten
Wollt' ich gern auf dein Geheiss,
Doch den Mops der Tante bürsten —
Nicht um deiner Liebe Preis.

Um die Schätze Fafners raufen
Wollt' ich gern mit Hieb und Stich,
Aber Schmuck beim Goldschmied kaufen
Dünkt mich gar nicht ritterlich.

Krämer, die mit Kleidern prahlen,
Zög' ich ohne Gnade aus,
Deine Schneiderrechnung zahlen,
Theure, da wird nichts daraus.

DU BIST GEWARNT.

Zur Krone gewunden ist dein Zopf,
Durchstochen von silberner Nadel.
Du trägst so stolz und hoch den Kopf,
Als wärst du von altem Adel,
Und bist doch nur ein Bauernkind,
Das Sense führt und Rechen. —
Den Baum, der sich nicht biegt im Wind,
Wird jäher Sturm zerbrechen.

Wie breit und tief ein Wasserbach,
Er lässt sich doch durchschwimmen;
Wie hoch und steil ein Giebeldach,
Es lässt sich doch erklimmen.
Du bist gewarnt, nun halte Wacht,
Willst du nicht sanft dich fügen. —
Der Mann, der Fensterläden macht,
Der macht auch Leiterstiegen.

DAS ZAUBERKRAUT.

Es wächst ein Kraut von grosser Macht
An abgeleg'ner Stätte;
Drum hebt der Hans nach Mitternacht
Sich leis von seinem Bette.
Ihm hält des Müllers Töchterlein
Gefangen Herz und Sinne,
Und ist das Zauberkraut erst sein,
Erzwingt er ihre Minne.

Er schritt zu Wald im Morgengrau'n;
Der Mühle Räder rauschten,
Und hinter Hag und Gartenzaun
Zwei Augen ängstlich lauschten.
„Steh Hans! Ich lass' dich nicht vorbei,
Hinauf in's Burggemäuer,
Denn heut am ersten Tag des Mai
Ist's droben nicht geheuer.
K. u. T.

*Die Hexen tanzen in der Nacht
Mit Teufeln in der Runde,
Die Zauberkräuter sind bewacht
Von einem schwarzen Hunde,
Und wenn man todt dich droben find't
In blutgetränktem Kleide,
Ich weinte mir die Augen blind
Vor Weh und Herzeleide."*

*Ob da ein Mund den andern fand?
Beinahe möcht' ich's glauben,
Doch nur der Sonne ward's bekannt,
Den Hühnern und den Tauben.
Die schlüpften eben aus dem Schlag
Und strählten ihr Gefieder,
Und grüssend sah der junge Tag
Auf Hans und Grete nieder.*

*Er streute Gold mit voller Hand
Auf Mühlenbach und Weiher,
Der Kirschenbaum im Garten stand
Wie eine Braut im Schleier.
Der Hahn stieg hochgemuth einher
Und sprach zu einem Tauber:
„Ein Mann wie ich und du und der
Braucht Kräuter nicht und Zauber."*

EIFERSUCHT.

Es warf dir Blüthen in's Gemach
Der Wind voll Uebermuth.
Am Ende kommt er selber nach,
Drum wahr' das Fenster gut,
Dass Nacken dir und Angesicht
Er küssend nicht berührt. —
Dem Buhler Wind vergönn' ich nicht,
Was mir allein gebührt.

Am Himmel glänzt der Sterne Heer
Und wandelt sonder Ruh'.
Neugierig sind die Sternlein sehr,
Drum zieh' den Vorhang zu,
Auf dass uns bis zum Morgengrau'n
Ihr Flimmerschein nicht stört. —
Den Sternen gönn' ich nicht zu schau'n,
Was mir allein gehört.

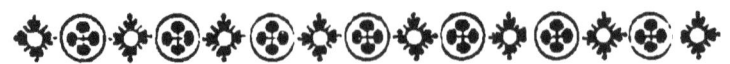

RUFE MICH.

Sprich, wo ist dein Myrtenkranz?
Ach, nur Diamantenglanz
Schmückt dir Stirn und Strähne.
Als du scheu dich abgewandt,
Hing an deiner Wimper Rand
Eine helle Thräne.

Denke nicht an mich zurück
Jetzt in deinem Liebesglück,
Dass ich dir's nicht störe.
Kommt das Elend über dich,
Armes Kind, so rufe mich.
Wo ich bin, ich höre.

NÄCHTLICHE WANDERUNG.

Die rothen Wolken blassen,
Es schweigt der Vogelsang,
Und lauter in den Gassen
Erschallt mein müder Gang.
Es wandelt auf und nieder
Der Schlaf von Haus zu Haus
Und küsst die Augenlider
Und löscht die Lampen aus.

Durch einen Fensterladen
Dringt röthlichtrüber Schein.
Dort dreht vielleicht zum Faden
Ein emsig Kind den Lein.
Jetzt stockt vielleicht die Spule,
Der Faden reisst vielleicht,
Dieweil der kecke Buhle
Zu seinem Liebchen schleicht.

*Die goldnen Kreuze scheinen
Herab vom Kirchendach,
Und bei den Leichensteinen
Ist auch noch Einer wach.
Er bricht den Grund, den feuchten
Und schaufelt stumm und still. —
Nun weiss ich, was das Leuchten
Dort drüben sagen will.*

*Ich wandre still von hinnen,
Vorbei an Kreuz und Gruft;
Die Wasser lauter rinnen,
Und kälter weht die Luft.
Von Nebel überwoben
Sind Wiesen und Getraid;
Die Sterne wachen droben,
Und unten wacht das Leid.*

ALLERSEELEN.

Es flackern im Gotteshage
Am Allerseelentage
Viel hundert Kerzen im Wind.
Ganz abseits an der Mauer
Kniet auf dem Grund in Trauer
Ein bleiches, abgehärmtes Kind.

Sie hat kein Grab zu pflegen.
Wem gilt ihr Todtensegen?
Wem flammt ihr kleines Licht?
Zwei Thränen seh' ich blinken
Und auf den Rasen sinken;
Doch still! Sie schlägt ein Kreuz und spricht.

„Ich trage Leid um Einen,
Dem noch die Sonnen scheinen;
Die Treue war ihm feil.
Er hat die Andre geworben,
Er ist für mich gestorben;
Mir bangt für seiner Seele Heil.

Ihm zünd' ich diese Kerze,
Der mir versehrt das Herze
Und mich versenkt in Leid.
Ihm wolle Gott vergeben
Und ihm nach diesem Leben
Verschliessen nicht die Seligkeit."

MEIN HERZ IST STARK UND FREI.

*Was soll dein stummes Mahnen,
Du welker Strauss am Hut?
Schwimm hin auf feuchten Bahnen
Bis in des Weltmeers Fluth!
Ein Trunk aus kalter Quelle,
Und alles ist vorbei;
Mein Aug ist wieder helle,
Mein Herz ist stark und frei.*

*Du grünes Waldgetriebe,
Durchweht von harzigem Hauch,
Du meine erste Liebe
Sei meine letzte auch.
Mich grüssen der Vögel Lieder,
Des jagenden Falken Schrei;
Es hebt die Brust sich wieder,
Mein Herz ist stark und frei.*

*Zwei Riesen seh' ich ragen
Mit Epheu rings umspannt,
Die sind aus frühern Tagen
Mir beide wohlbekannt.
Es tragen die alten Bäume
Der Namen mancherlei. —
Vorüber ihr goldnen Träume!
Mein Herz ist stark und frei.*

*Das Licht spielt auf den Pfaden,
Und wärmer weht die Luft,
Und von der Wiese Schwaden
Erhebt sich süsser Duft.
Zwei Rechen rasten im Heue,
Im Schatten küssen sich Zwei. —
Zurück du Thräne der Reue,
Mein Herz sei stark und frei!*

DIE LINDE VON GRIMMENTHAL.

*Zu Grimmenthal in Franken
Steht ein gewaltiger Baum,
Zehn Bären mit ihren Pranken
Umspannen die Linde kaum.
Sie stand als Wacht der Marken
Schon manches liebe Jahr,
Als Asathor, dem starken
Rauchte der Steinaltar.*

*Ich weiss nicht, wie die Linde
Der Christenaxt entging
Und wer an ihre Rinde
Heilige Bilder hing.
Ich weiss nicht, wer die Quelle,
Die dorten rinnt, gestaut,
Wer Steinhaus und Kapelle
Daneben hat gebaut.*

*Viel tausend Kranke kamen
Gewallt zum Gnadenort
Die Krüppel und die Lahmen
Liessen die Krücken dort.
Die Sehkraft fand der Blinde,
Der Stumme die Sprache fand. —
Der Ruhm der heiligen Linde
Erscholl von Land zu Land.*

*Wo blutend einst verendet
Des Donar Opferbock,
Ward Gold und Silber gespendet
Dem eisernen Opferstock.
Es wurden ausgeschlossen,
Die kamen mit leerer Hand;
Das hat die Heil'gen verdrossen,
Sie räumten grollend das Land.*

*Die Mönche wurden fetter,
Und Wunder gab's nicht mehr;
Da kam ein Donnerwetter
Grad von der Wartburg her.
Die Mönche wurden im Winde
Verweht wie Spreu und Staub,
Die tausendjährige Linde
Trieb jugendfrisches Laub.*

Heut sind die Wunder vergessen,
Die Baum und Born einst bot,
Und in dem Steinhaus essen
Arme das Gnadenbrot.
Es kühlt der müde Schnitter
Am Quell den heissen Gaum,
Und Mädchen singen zur Zither
Unter dem Lindenbaum.

Noch ladet tausend Immen
Der Baum zum Sonnwendfest,
Und süsse Vogelstimmen
Tönen in seinem Geäst.
Die Erdmännlein, die braunen
Pflegen ihn dienstbereit,
Und seine Zweige raunen
Mären aus alter Zeit.

AN EINE BRAUT.

Sag' mir nur, du liebes Kind,
Wie du's angefangen,
Dass der junge Sausewind
Dir in's Netz gegangen.

Ja, du bist so klug und schlau,
Dass ich dir für's Leben
Um ein Haar mir nicht getrau'
Einen Rath zu geben.

So ein wilder Junggesell,
Liebling aller Schönen,
Lässt sich in der Regel schnell
Nicht an's Joch gewöhnen.

Lass dir Morgens Mund und Stirn
Von dem Wildfang küssen;
Abends wirst du ihm mit Zwirn
Tüchlein säumen müssen.

Spiel' ihm Morgens am Klavier
Schwierige Sonaten;
Sorge, dass zu Mittag dir
Wohl geräth der Braten.

Habt ihr Mittags Tischbesuch,
Schone nicht die Flaschen;
Lass dich bei dem Rechnungsbuch
Abends überraschen.

Plaudre heute wie ein Thor,
Morgen klug und weise;
Lies ihm heute Göthe vor,
Morgen aber Heyse.

Kurz und bündig, kleine Braut,
Fessel' ihn durch Wechsel.
Heute will das Böcklein Kraut,
Morgen will es Häcksel.

STAUB.

Ihr Leben lang hat sie den Staub gehasst,
Nun ruht sie im Grabe finster.
Es sei ihr Grabstein eingefasst
Mit üppigem Besenginster.

Am Morgen begann sie mit Besen und Wisch
Durch's ganze Haus zu wandern
Und jagte den Staub von Tisch zu Tisch,
Von einer Kammer zur andern.

Zwei Gatten raffte die Lungensucht,
Staub brachte sie unter den Hügel;
Der dritte Gemahl ergriff die Flucht
Mit halbem Lungenflügel.

Und als sie schied aus der staubigen Welt
Und von dem Menschenvolke,
Da schwebte sie zum Himmelszelt
Auf einer staubigen Wolke.

Nun weilt sie entrückt der Erdenpein
In goldener Himmelsferne.
Sie kehrt alle Morgen die Milchstrass' rein
Am Samstag putzt sie die Sterne.

EIN BÖSER TRAUM.

Seitdem ich wieder zu Hause bin,
Kommt mir so vieles in den Sinn,
Was ich vergass im Zeitenlauf,
Und manches Korn keimt fröhlich auf,
Das sich vor langen Jahren barg
In meiner Kindheit Mumiensarg.
Doch Eins behagt mir wahrlich nicht,
Das ist ein wüstes Traumgesicht.
Oft sucht's mich heim und führt mich weit
Zurück in meine Jugendzeit,
Als noch verkannt und sehr gering
In die lateinische Schul' ich ging.
Als Knäblein sitz' ich zart und schlank,
Schlecht präparirt auf harter Bank
Und sage her im Leierton
Die erste Conjugation:
    Amo, amas, amat.

Der Lehrer spricht: „Soweit ging's an,
Jetzt aber kommt das Passivum dran."
O weh! da schlottert mein Gebein,
Da ist zu Ende mein Latein,
Und wie ich mich auch krümm' und wende
Und ringe die beklexten Hände,
Mein Hirn ist öd, mein Haupt ist leer,
Nichts vom Passivum weiss ich mehr;
Ich ducke mich und schweige stille.
Der Strenge blinzelt durch die Brille
Und greift nach seinem Lineal,
Es weidet sich an meiner Qual
Der schadenfrohe Bubenhauf.
Barmherzigkeit! — Da wach' ich auf.

* *. *

O wüsstest du, wie schwer ich leide,
Du eh'mals meiner Augen Weide.
Seitdem ich thöricht dir entlief,
Fehlt mir von Amo das Passiv,
Daher der arge Schultyrann
In jeder Nacht mich quälen kann.
O komm zu mir aus deiner Ferne,
Damit ich gründlich wieder lerne:
Amor, amaris, amatur.

ES WAR EINMAL

Es war einmal. — Ihr süssen Zauberworte
Belebt wie Maienregen mein Gemüth,
Bei eurem Klang erschloss sich mir die Pforte
Des Gartens, drein die Märchenblume blüht.
Blau sah sie aus; ich sehe sie noch heute,
Und auf dem Kelche sass ein Schmetterling,
Den ich als eine hochwillkommne Beute
    Mit meinem Netze fing.

Und wie ich aus dem Jägergarn ihm helfe
Und ihn ergreife bei der Flügel Saum,
Da zappelt in den Fingern mir ein Elfe,
Ein Wichtelmann, nicht länger als mein Daum.
„Ach", rief er, „lass mich los! Warum mich
    quälen?"
Und seine Stimme klang wie Grillensang.
„Zum Lohne will ich Märchen dir erzählen
    Zweitausend Wochen lang."

Das war ein Wort. — Seitdem ein Märchenepos
Die sel'ge Muhme Lore nicht mehr spann,
Sass ich bekümmert beim Cornelius Nepos,
Und auf die Blätter manche Zähre rann.
Nun hielt ich die Gelegenheit beim Schopfe.
Zweitausend Wochen Märchen! Wohl, es sei.
Der Deckel hebt sich von dem Honigtopfe.
    Ich gab das Wichtlein frei.

Ein Mann ein Wort. — Wie ein getreuer Knappe
Dem Ritter folgt, verirrt im Zauberthal,
So folgte mir in seiner Nebelkappe
Der Elf und raunte mir: „Es war einmal".
Wie einst den Sultan Frau Scheherazade
Mit ihrer Fabelkunst bestrickt den Sinn,
So führte mich auf buntem Märchenpfade
    Der Wicht durch's Leben hin.

„Es war einmal" — in grüner Waldnacht
    klang es
Und rief die Riesen und die Zwerge wach.
„Es war einmal" — am kühlen Wasser sang es
Der Elf und lockte Nixen aus dem Bach.
„Es war einmal" — das Wort erscholl im Sturme
Und zeigte mir das Geisterschiff im Meer;
Im Burggemäuer klang's, und aus dem Thurme
    Zog still das Todtenheer.

*Ich flog durch's Land, soweit der Himmel blaute
Und sog der Märchenblume süssen Duft.
Wenn die profane Welt sich Häuser baute,
So baut' ich Zauberschlösser in die Luft.
Die Klugen füllten sich mit Geld die Truhen,
Doch Fortunati Säckel galt mir mehr.
Ich sah den Hort im Drachenfelsen ruhen,
Die Tasche blieb mir leer.*

*Im Frühling war's. Ich sass auf moos'gem
    Steine
Und neben mir ein schönes, frohes Kind.
Das Märchen aber tischte auf der Kleine
Vom Jäger, der die Königsbraut gewinnt,
Und wie der alte König ihm versprochen
Die Tochter und das halbe Reich dazu,
Da sprach der Märchenelf: „Zweitausend Wochen
    Sind um. Nun gieb mir Ruh'!"*

*Da fiel von meinem Aug' ein grauer Schleier,
Wie wenn der Nebel vor der Sonne flieht,
Und im Hollunder sang zur Hochzeitsfeier
Die Nachtigall ihr sehnend Minnelied.
Ich sprang empor, die Schöne zu umstricken.
„Du holdes Kind der Wirklichkeit, sei mein!"
Sie aber mass mich mit erstaunten Blicken
    Und ging. — Ich stand allein.*

Ich stand allein im hellen Sonnenlichte
Und hielt die heisse Stirn. Der Elf war stumm.
Ganz anders schloss im Märchen die Geschichte
Als in der Wirklichkeit. Warum, warum?
Da sprach der Wicht: „Du sollst die Antwort haben",
Und hielt mir vor ein Spiegelein von Stahl,
„Da schau ihn an den herbstbereiften Knaben.
Lebwohl! — Es war einmal."

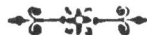

MEINE JUGEND.

Dass mir die Jugendzeit verfloss,
Ich will mich drum nicht härmen.
Sie war ein schimmerndes Märchenschloss
Bevölkert von lustigen Schwärmen.

Wir schwangen die Becher und sangen froh
Und tanzten auf blumiger Matte,
Doch raschelte häufig bei Nacht im Stroh
Die Sorge, die nagende Ratte.

Im Schloss war auch ein Fräulein zart
Mit süssem Rosenmunde,
Da kam zu Ross Herr Eduard
Und raubte die Kunigunde.

Mitunter tobte im Schlösslein gar
Der Spuk unsauberer Geister,
Und Schmalhans war manch liebes Jahr
So Küchen- wie Kellermeister.

Am Ende ward mein Schloss berannt,
Erstürmt von den bösen Jahren.
Da nahm ich den Wanderstab zur Hand
Und thät in die Weite fahren.

Sie sandten mir nach manch scharfen Pfeil;
Ihr Zielen war vergebens.
Mein Herz ist jung, mein Herz ist heil,
Ich freue mich meines Lebens.

Mein Schlösslein grüsst von fernen Höh'n
Von Sonnenglast umwoben;
Nun ist es siebenmal so schön,
Als da ich hauste droben.

LEHRHAFTES.

DER TISCH DES SALADIN.

I.

Das war der König Saladin,
Dem Königspflicht die Milde schien.
Was dürrem Feld die Regenwolke,
Das war er dem bedrängten Volke,
Und Morgenland und Abendland
Pries hoch des Fürsten Segenshand.

Es labt ein Bronnen Jahr für Jahr
Der durstgequälten Pilger Schaar,
Doch schöpft aus seiner Fluth ein Heer
Für Mann und Ross, so wird er leer.
Bald war des Königs Gut zerronnen,
Sein Schatz ein ausgeschöpfter Bronnen,
Und was von seinem Hort allein
Ihm blieb, das war ein Tisch von Stein.

Derselbe Tisch, ein Wunder schier,
War ein geschliffener Saphir,
Durchsichtig blau wie Himmelshelle,
Und gülden war das Fussgestelle.
Ein Königreich war zu gering
Als Kaufpreis für das Wunderding.

Nun trug sich's zu, dass fieberkrank
Der König auf das Lager sank,
Und ob man's gleich ihm hehlen wollte,
Er fühlte, dass er sterben sollte.
Da sprach der Fürst in Kümmerniss:
„Ich spür's, der Tod ist mir gewiss.
O wüsst' ich Rath für meine Seele
Und welchem Gott ich sie empfehle.
Ist es dein Gott, o Mahomet,
Der sieghaft vor den andern geht?
Ist's Mose Gott, der mit den Plagen
Das Land Aegypten einst geschlagen?
Ist's jener milde Jesus Christ,
Der für sein Volk gestorben ist?
Ach wüsst' ich, welcher dieser drei
Der stärkste Gott und Helfer sei,
Ich wollte gläubig ihn erfassen
Und von den beiden andern lassen
Und wollte scheidend aus dem Leben
Ihm meinen Tisch zu eigen geben."

So quälte sich der sieche Mann,
Indess die Lebenskraft verrann.
Da liess er von den Kämmerlingen
Den Tisch zu seinem Lager bringen
Und hiess mit einem scharfen Beile
Den Stein zerhauen in drei Theile.
Drauf sprach der milde Saladin:
„Ein Theil dem Gott der Moslemin,
Das andre sei dem Gott geschenkt,
Dess Hand die Christenschaaren lenkt,
Dem Judengott gehört das dritte,
Und das ist meine letzte Bitte:
Wer unter euch der stärkste ist,
Jehovah, Allah oder Christ,
Der helfe mir in meiner Noth!"
So rief der König und war todt.

2.

Die Herrenburg erscholl von Klagen;
Indessen ward emporgetragen
Von Engelarmen sanft und lind
Die Seele wie ein schlafend Kind.
Am Paradiese kam sie an,
Der Vorhof ward ihr aufgethan,
Und Saladin vom Traum erwacht
Sah staunend nie geschaute Pracht.

*Und wie er liess sein Auge wandern
Von einem Wunder zu dem andern,
Da ward's von einem Tisch gebannt
Der schien dem König wohl bekannt.
Kaum mocht' er seinen Augen trauen;
Es war der Stein, den er zerhauen,
Der Stein von blauem Himmelsglanz,
Doch ohne Fuge, heil und ganz.*

*Und wie er ob des Räthsels sann,
Ein fernes Klingen leis begann,
Das stärker, immer stärker rauschte.
Der König aber stand und lauschte.
Von unten schwebten himmelan
Heilsprüche aus dem Alkoran,
Rabbinensang vernahm sein Ohr
Und frommer Christen Kirchenchor.
Im Dreiklang stieg das Lied nach oben
Zu einer Harmonie verwoben,
Ein Lobgesang vieltausendtönig. —
Da trat ein Engel zu dem König,
Der sprach zu ihm: „Du bist willkommen,
Und ist der Zweifel dir benommen,
So mache dich zu schau'n bereit
Des einen Gottes Herrlichkeit."*

ALEXANDER UND SEIN LEHRER.

*Die höchste Ehr' an Alexanders Hof
Genoss der grosse Philosoph,
Der ihn geleitet auf der Weisheit Bahn.
Parmenio, der Feldherr, sah's mit Neid
Und sprach bei günstiger Gelegenheit
Den grossen König also an:
„Du ehrst den Weisen, der dich lehrte,
Wie kaum der Sohn den Vater ehrte."*

*„Mein Vater liess mich", sprach der Held,
„Vom Himmel steigen auf die Erde nieder;
Der Weise lehrt mich, von der Welt
Den Weg zum Himmel finden wieder."*

DIE BITTSCHRIFT.

Ein Weiser in zerrissenem Gewand
Zu König Alexander kam
Mit einer Bittschrift in der Hand.
Mit finstrem Blick der grosse König nahm
Das schön geschriebne Pergament,
Aus dem die Weisheit reich und voll
Wie ein lebend'ger Brunnen quoll
Und las entzückt das Schreiben bis an's End.

Dann sprach er: „Deine Worte fliessen leicht;
Des weisen Haupts gewichtige Gedanken
Umwindest du mit leichten Blumenranken,
Und einer Perlenschnur die Rede gleicht.
Schlecht aber stimmt dazu das Bettlerkleid,
In dem du stehst vor meiner Herrlichkeit."

Der Weise sprach: „Kann Einer Alles haben?
Ungleich vertheilt der Himmel seine Gaben.
Er hat verlieh'n dem Mann in Bettlerfetzen
Die Gabe, seine Worte klug zu setzen.
Du aber kannst mit Königshänden
Dem Armen Gold und Kleider spenden."

UNERSÄTTLICH.

Weisst du, was nie zu ersättigen ist?
Das Auge der Habsucht:
Alle Güter der Welt füllen die Höhle
nicht aus.
                                Herder.

Nach vielen heiss durchkämpften Fehden
Im Perser- und im Inderland
Mit seinem Heer am Garten Eden
Der König Alexander stand.
„Erschliesst die Pforte!" rief der König
Und hob im Sattel sich empor,
„Der halbe Erdkreis ist mir fröhnig;
    Thut auf das Thor!"

Da hallten ihm zurück die Worte:
„Geendet ist dein Siegeslauf.
Verschlossen bleibt dir Edens Pforte;
Sie thut sich nur der Demuth auf." —

„So reicht mir," rief der König wieder,
„Ein Gastgeschenk, arm oder reich!"
Da fiel zu seinen Füssen nieder
Ein Todtenschädel mürb und bleich.
Er rief die Magier und Seher,
Die ihn begleiteten durch's Land;
Ein schriftenkundiger Hebräer
Allein der Gabe Deutung fand.
Auf eine Wage liess er legen
Das hohlgeaugte Todtenbein
Und hiess den König es zu wägen
Mit Gold und köstlichem Gestein.
Sie häuften auf die zweite Schale
Gestein und Spangen goldesblank,
Vergebne Mühe — tief zu Thale
Der Schädel sank.

„Des Menschen Auge," sprach der Weise,
„Ersättiget sich nimmermehr,
Und selbst die hohlen Knochenkreise
Verlangen mehr und immer mehr.
Und wolltest du die Schätze geben,
Die du gewannst im Siegeszug,
Der Schädel würde sich nicht heben;
Des Menschen Aug hat nie genug." —

Da sprach mit finsterer Geberde
Held Alexander: „Sprichst du wahr?"
Der Weise schwieg und schloss mit Erde
Des Todtenschädels Augenpaar,
Und als die Augen Erde hüllte,
Die Schale mit dem Schädel stieg,
Zu Boden sank die goldgefüllte. —
Der König schwieg.

DAS GASTMAHL DER OLYMPIAS.

Held Alexander, Philipps Sohn
Lag sterbenskrank in Babylon,
Und mit dem Tod vergebens rang
Der Starke, der die Welt bezwang.
Es schlangen um des Königs Bette
Die grauen Sorgen eine Kette
Und schwebten hin und schwebten her
Und machten ihm das Scheiden schwer.
Von seinen Sorgen war die grösste,
Wie er die liebe Mutter tröste,
Dass sie sich nicht zu Tode gräme,
Wenn ihr die Todesbotschaft käme.
Am End' er seinen Kanzler rief
Und liess ihr schreiben einen Brief,
Aus dem der Trost wie Balsam floss.
Das Schreiben aber also schloss:
„Hast du vernommen meinen Tod,
So lass ergeh'n ein Gastgebot
Und lade dir in deine Halle
Zum Freudenmahl die Menschen alle

*Von Nah und Fern, aus Dorf und Stadt,
Die niemals Leid betroffen hat,
Auf dass die frohe Tafelrunde
Dir lindere die Seelenwunde."*
Des Königs Kraft zu Ende ging;
Er schloss den Brief mit seinem Ring
Und gab ihn einem schnellen Boten.
Dann stieg er in das Reich der Todten.

*Olympias, die Königin
Sank schluchzend auf ihr Lager hin,
Als sie des Sohnes Tod vernahm
Und wollte sterben schier aus Gram.
Drei Tage sass in tiefem Leid
Die Fürstin in der Einsamkeit,
Dann that sie, wie ihr Sohn befahl
Und rüstete das Todtenmahl.
Ein Herold aber ward gesandt
Mit dieser Botschaft über Land:
„Wer aller Sorgen ist entrückt,
Wen Leid und Kummer nie gedrückt,
Den lädt die Königin zum Mahl;
Doch wer bekannt mit Schmerz und Qual,
Wer bittre Thränen je vergossen,
Dem bleibt der Freudensaal verschlossen."*

*Es kam der Tag. Die Köche wandten
Die Braten, und die Diener rannten.
Aus hundert Schüsseln stieg der Rauch,
Die Schenken schleppten Krug und Schlauch
Und bei den Tischen stand bereit
Die Königin im Trauerkleid
Und harrte der geladnen Gäste. —
Doch Niemand kam zum Königsfeste.*

*Da ward der Gramgebeugten klar,
Was ihres Sohnes Meinung war.
Sie trocknete die Thränen licht
Von ihrem bleichen Angesicht
Und ging, gerührt vom Erdenjammer
Getröstet fort in ihre Kammer.*

KÖNIG SALOMON UND DER SPERLING.

Einst stand der König Salomon
Am Fenster früh um Sechse schon
Und sah mit Stolz und Herzensfreude
Auf seines Tempels Prachtgebäude,
Das er mit Weisheit und Bedacht
Erst kürzlich unter Dach gebracht.
Nun lag es da im Sonnenschein
Hell wie ein grosser Edelstein.

Da nahm des Königs Auge wahr
Hoch auf dem Dach ein Sperlingspaar,
Das zwitschernd flog und liebesfroh
Sein Nestlein flocht aus Heu und Stroh.
Und da der Weise, wie bekannt,
Die Vogelsprache gut verstand,
Vernahm er, wie der Sperlingsmann
Zu seiner Hausfrau so begann:

„Was meinst du", sprach der Meister Spatz
Und blähte seinen Busenlatz,

„Wenn ich gebrauchend meine Stärke
Vernichten thät' des Königs Werke?
Ein Tritt von mir — Geliebte glaube —
Und dieser Tempel liegt im Staube."

„Du Prahlhans!" lachte Salomon
Und rief den Spatz vor seinen Thron
Und sprach: „Denkst du armselig Ding
Von meinem Tempel so gering,
Dass du zu stürzen dich getraut,
Was tausend Hände aufgebaut?"

„Verzeiht mir", sprach der Spatz dagegen,
„Ich that's nur meines Weibes wegen,
Auf dass, die mich zum Herrn gewann,
Respekt bekommt vor ihrem Mann."

Da lachte König Salomon
Und neigte sich von seinem Thron
Dem Sperling zu. „Zeuch heim du Wicht
So unrecht hast du eben nicht.
Was doch ein grundgelehrter Mann
Von einem Sperling lernen kann!"·

Er sprach's und ging mit festem Schritt
Zur Königin, Frau Sulamith.

DER SCHMIED UND DIE KATZE.
(Nach Burkhard Waldis.)

Es war einmal ein armer Schmied,
Dem selten Fleisch am Feuer briet,
Kein Werkmann aber weit und breit
Glich ihm an Fleiss und Frömmigkeit.
Derselbe Schmied, ein halber Thor
Nahm sich in seiner Einfalt vor
Aus brüderlicher Lieb' und Gunst
Umsonst zu üben seine Kunst
Und rechnete dabei im Stillen
Auf Dankbarkeit und guten Willen.

Die Leute, wie sie das vernahmen,
Mit vieler Arbeit zu ihm kamen
Und plagten ihn ohn' Unterlass;
Der brachte dies, der brachte das,
Und wenn sie drauf das Werk empfingen,
So sagten sie: „Schön Dank!" und gingen.

Es wunderte der Schmied sich sehr,
Dass ihm die Taschen blieben leer
Und sprach zu sich in stillem Groll:
„Ich weiss nicht, was ich denken soll.

Hat denn das Wort so hohen Werth,
Dass man mir Worte nur verehrt
Für meine Mühen und Beschwerden?
Dess will ich nächstens innewerden."

Nun hatt' er eine schöne Katze,
Genährt mit manchem feisten Ratze.
Die bind't er in der Werkstatt fest,
Dass sie das Mausen bleiben lässt,
Giebt auch dem Thiere nichts zu fressen
Und stellt sich wieder an die Essen.
Wenn nun ein Kunde von dem Schmied
Mit schönen Dankesworten schied,
Dann sprach der Schmied: „Wer's hat, der hat's,
Der Arbeitslohn ist für die Katz."

Das arme Thier, erst glatt und feist,
Nunmehr mit Worten abgespeist,
Ward schwach und spindeldürr vor Noth
Und starb zuletzt den Hungertod.
Da sprach der Schmied: „Nun ist mir klar,
Dass ich ein grosser Narre war.
Wer auf den Dank der Welt vertraut,
Der hat sein Haus auf Sand gebaut,
Und wer sich lohnen lässt mit Worten,
Dem geht es wie der Katze dorten.

DER GELEHRTE MÄUSEJÜNGLING

Ein wackres Mäuseehepaar
Mit Nachwuchs reich gesegnet war.
Neun Kinder krabbelten im Neste,
Das jüngste aber war das beste.
Ein Knabe war's, und an Verstand
Man nirgends seinesgleichen fand.
Bereits als Kind von wen'gen Tagen
Begann er Bücher zu benagen;
Dass er sich durch den Brockhaus frass,
Das war dem Knaben nur ein Spass,
Und Sachverständ'ge meinten drum,
Er eigne sich für's Studium.
Der Vater, wie die Väter sind,
War stolz auf sein gescheites Kind
Und thät es auf die Schule bringen
Zum Mäusethurm im Rhein bei Bingen.

Drei Jahre sog daselbst mit Lust
Der Jüngling an der Weisheit Brust,
Schrieb emsig nach und schwänzte nie,
Ward Doctor der Philosophie

Und kam nach Haus im vierten Jahr
Mit hoher Stirn und dünnem Haar.

Vor Freude weinten beide Gatten,
Wie sie den Liebling wieder hatten.
Dann luden sie zu einem Schmaus
Die ganze Sippschaft in das Haus.
Und wie sie froh bei Tische sassen
Und Speck und Cervelatwurst assen
Mit Nagen, Lecken, Knuspern, Schmatzen,
Da kam die Rede auf die Katzen,
Und eine Base sprach geschwind:
„Ei sag' mir, du gelehrtes Kind,
Hast du ein Mittel mitgebracht,
Wie man die Katz' unschädlich macht?"

Da schaute mit gerümpfter Nase
Der Mäusejüngling auf die Base.
„Die Katze", sprach der Herr Student,
„Man auf Lateinisch Felem nennt,
Die Jungen aber Catulos,
Auf Griechisch heisst sie Ailuros,
Doch wie man sich der Katz erwehrt,
Wird auf der Schule nicht gelehrt."

DOPPELTER ERSATZ.

*Gierig frass das Himmelsfeuer
Einem Bauern Hof und Scheuer,
Und der reiche Erntesegen
Schwand ihm unter Hagelschlägen.
Zu dem gramgebeugten Mann
Kam der Pfarrer und begann:*

*„Freund, verzweifle nicht im Leid!
Kurz ist unsre Prüfungszeit.
Was dir nimmt der Himmel jetzt,
Wird dir doppelt einst ersetzt."*

*„Doppelt?" sprach der arme Bauer,
„Nun so schwinde meine Trauer.
Lieber Himmel, nimm mir alles,
Nimm die letzte Kuh des Stalles,
Nimm mir auch das Hemd vom Leib,
Aber lass mir nur mein Weib."*

DIE ZWEI LÄMMER.

Im Hof auf einer Meierei
Ergingen sich der Lämmer zwei,
Das eine schwarz, das andre weiss.
Die Bäurin zog sie auf mit Fleiss
Und gab den Beiden gute Lehren,
Als ob es ihre Kinder wären.
„Am besten", sprach sie, „ist's zu Haus,
Drum lauft mir nicht vor's Thor hinaus!
Der Wolf geht um, der Bösewicht,
Und Lammfleisch ist sein Leibgericht."

Ein Muster war von Folgsamkeit
Das weisse Lamm zu jeder Zeit;
Es blieb im Hof und hielt sich wacker,
Das schwarze aber war ein Racker.
Sobald das Thor ein wenig klaffte,
Gleich stand es vor dem Haus und gaffte.
Mit Hasen sprang es um die Wette
Durch Korn und Klee und Esparsette

Und pflückte gar — o Unverstand!
Sich Blumen von des Waldes Rand.
Der Wolf stand hinter einem Stamm,
Sprang schnell hervor und frass das Lamm.

Dies war der guten Bäurin schmerzlich,
Sie liebte beide Lämmlein herzlich.
Sie rief das weisse Lamm zur Stell'
Und streichelte sein Wollenfell.
„Da siehst du", sprach sie tiefgerührt,
„Wohin der Ungehorsam führt."

Das weisse Lämmlein blieb gesund,
Nahm täglich zu und wurde rund.
Drauf kam der Metzger lobesam
Und schlachtete das brave Lamm.

DIE AFFEN UND DER GLÜHWURM.

(*Nach Rollenhagen.*)

Kein Halm mehr auf den Feldern nickte,
Der Winter seinen Vortrab schickte,
Und Regen, Wind und Hagelwetter
Warf von den Bäumen die gelben Blätter.
In einer solchen Herbstnacht kalt
Sass beisammen im Eichenwald
Ein Affenvolk vom Sturm umtost,
Und alle klapperten vor Frost.
Ein Affe aber aus dem Haufen
Begann das Waldmoos auszuraufen,
Dieweil er gern im warmen Bette
Ruhig die Nacht verschlafen hätte.
Und wie er wühlte mit der Hand,
Er einen lichten Glühwurm fand.
Alsbald erhob er ein Geschrei,
Vermeinend, dass es ein Funke sei,

Der wohl geschürt und angefacht
Erwärmen könne die kalte Nacht.
Da kamen die Alten und die Jungen
Mit frohen Sätzen angesprungen,
Häuften über den Wurm mit Fleiss
Welke Blätter und dürres Reis,
Und jeder blies mit vollem Mund,
Soviel er eben blasen kunnt.

Nun sass auf einem Baum im Laube
Eine verständige Turteltaube.
Die flog herzu und sprach: „Ihr Affen,
„Was habt ihr mit dem Wurm zu schaffen?
Ihr blast und schürt und müht euch sehr,
Doch Feuer bekommt ihr nimmermehr."

Die Affen aber thäten lärmen:
„Wir frieren, und wir wollen uns wärmen."
Und keiner sich bedeuten liess,
Einer den andern trat und stiess
Und drängte hin und drängte her.
Das wunderte die Taube sehr,
Und ob gleich einer von den Alten
Ihr rieth, sie sollt' sich still verhalten,
Die Affen hörten keinen Rath,
Eh' sie gekommen wären zu Schad',

So wollte doch die Taube treu
Die Wahrheit reden ohne Scheu
Und hob von neuem ihre Stimme.
Da sprang ein Aff' herzu im Grimme;
„Was", schrie er, „willst du's besser wissen?" —
Da ward der Kopf ihr abgerissen.

Wo Thorheit hat die Uebermacht,
Ist guter Rath schlecht angebracht.

DIE GESCHMÜCKTE KRÄHE

*Von jener Krähe Eitelkeit
Vernahm gewiss ein jeder.
Sie schmückte sich ihr dunkles Kleid
Mit einer Pfauenfeder
Und schritt mit stolzem Gang einher
Als ob ein Pfau sie selber wär'.
  Die andern Vögel staunten
  Und zischelten und raunten.*

*Da sprach die Wittwe Wiedehopf —
Vor Jahren war sie jünger —
Und schaute mit zerzaustem Schopf
Aus ihrem Nest von Dünger:
„So sind die Weiber heutzutag;
Kein Wunder, dass sie niemand mag
  Mich ärgert noch zu Tode
  Die abgeschmackte Mode."*

Das Wort vernahm auf seinem Baum,
Ein hochbetagter Rabe.
Er sprach: „Die Weiber kenn' ich kaum,
Ich bin ein alter Knabe,
Doch lieber wäre mir die Frau,
Die schmuck einhergeht wie ein Pfau,
   Als eine, die im Miste
   Erbaut sich ihr Geniste."

DER KREISSENDE BERG.

Ein Schüler, der Latein verstand,
Lag müd' an eines Berges Rand
Auf Moos und Farrenkraut gestreckt,
Mit Tannenschatten zugedeckt
Und wollte sich dem Schlaf ergeben.
Alsbald begann der Berg zu beben,
Die Büsche schwankten, Erde rollte,
Und dumpfer Laut im Innern grollte.

„Ei", rief der Schüler lachend aus,
„Der kreissende Berg gebiert die Maus!"
Und harrte, bis sich seiner Bürde
Des Berges Schooss entled'gen würde.

Oweh! Da brach mit Ungestüm
Hervor ein schwarzes Ungethüm,
Ein Bär, der in der Felsenspalten
Den langen Winterschlaf gehalten
Und der nun hungrig mit Gebrumm
Sich sah nach einem Frühstück um.

*Da sprang empor das Schülerlein —
Es wollte nicht gefressen sein —
Und lief, dass ihm das Herze klopfte
Und ihm der Schweiss vom Antlitz tropfte.*

*Als nun der Aermste der Gefahr
Mit knapper Noth entronnen war,
Da sprach er seiner Rettung froh
Im Stillen zu sich selber so:
„Ein Weisheitswort, ein guter Hort,
Passt aber nicht an jeden Ort."*

DIE STERBENDE EICHE.

Sturmwind kam herangejagt
Wild über Hügel und Haide.
„Neigt euch!" rief die Erle verzagt,
„Beugt euch!" rief die Weide.

Sturmwind rast durch's Baumgeäst,
Zweige knarren und knacken;
Nur die Eiche steht trotzig fest,
Beugt nicht Haupt und Nacken. —

Singend sein wildes Siegeslied
Weiter durch Wald und Wiese
Zog der Sturm. — In Moos und Ried
Lag der gestürzte Riese.

Und die Erle zur Weide sprach:
„Siehe, wir leben alle,
Und die Eiche, die starke, brach.
Uebermuth kommt zu Falle."

Todwund sprach der gewaltige Baum:
„Will euch das Leben nicht neiden.
Sterben muss ich; ich schaffe Raum
Schmiegsamen Erlen und Weiden.

Wieget im Winde das grüne Haar
Ueber der modernden Leiche.
Erlen und Weiden, ihr dauert, ich war,
Aber ich war die Eiche."

AUFWÄRTS.

Der Fliegenschwamm zur Tanne spricht:
„Wie sehr du auch die Glieder streckst,
Es ist dafür gesorgt, dass nicht
Dein Wipfel in den Himmel wächst."
Die Tanne schweigt in stolzer Ruh'
Und strebt dem Himmel weiter zu.

Zur Sonne schwingt der Falke sich,
Doch nie den Sonnenball erreicht,
So wenig wie der Gänserich,
Der über seine Weide streicht.
Das sieht der Falk auch selber ein,
Will aber doch kein Gäns'rich sein.

DIE AMSEL.

Es war einmal bei mir daheim
Ein alter Vogelfänger,
Der fing mit Garn und Vogelleim
Des Waldes bunte Sänger.
Er setzte ihnen Würmer vor
Und zarte Aemseneier
Und schulte ihnen Stimm' und Ohr
Mit einer Vogelleier.

Die junge Amsel war sein Stolz,
Der Sängerinnen Krone,
Die hatte hungrig sich im Holz
Gefangen in der Dohne.
Sie sang „Heil Dir im Siegeskranz"
Und „Morgen muss ich scheiden",
„Wir winden dir den Jungfernkranz"
Und „Röslein auf der Haiden".

Gieb Meister Acht! Das Thürlein klafft,
Und draussen scheint die Sonne.
Eh' du's gedacht, entrinnt der Haft
Die schlaue Primadonne.
Sie liess den vollen Futtertrog,
Den Meister und die Leier,
Sie schwang die Flügelein und flog
  Zum Erlenbusch am Weiher.

Die Amsel sitzt im Erlenhag
Und singt die alte Weise,
Die Adam schon am ersten Tag
Vernahm im Paradeise.
Sie singt, ist sie gestorben nicht,
Ihr freies Lied noch heute. —
Und die Moral von der Geschicht,
Die macht euch selbst, ihr Leute.

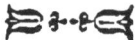

HEIMCHEN UND TODTENUHR.

Mit dem letzten Blumenstrauss
Bracht' ich einen Gast in's Haus.
Heimchen heisst er, und von Stand
Ist der Wicht ein Musikant.
In der Ecke, wo er siedelt,
Lebt er friedlich, singt und fiedelt,
Singt von Mai und Frühlingsblumen
Dankbar für gestreute Krumen.

Noch ein zweiter Gast, ein schlimmer
Wohnt mit mir im selben Zimmer,
Sitzt im Holz der Riegelwand
Und wird Todtenuhr genannt.

Wenn die ersten Sterne dämmern,
Fängt der Unhold an zu hämmern,
Singt mit immer gleichem Schall
Von Verwesung und Zerfall.

*Wenn die Todtenlieder schweigen,
Stimmt das Heimchen seine Geigen,
Und die Wände hallen wider
Frühlingslieder, Hoffnungslieder.*

*Zwischen beiden in der Mitte
Sitz' ich lauschend als der Dritte,
Und vom Heimchen nicht geneckt,
Nicht vom Todtenwurm geschreckt
Halt ich ein die Mittelrichtung,
Rechts Verheissung, links Vernichtung.*

DER WAGENLENKER.

Der Kärrner hielt am Strassenhaus
Mit lautem Peitschenknalle,
Er spannte die dampfenden Gäule aus
Und führte die müden zum Stalle.

Sogleich sass auf dem Bock ein Knab',
Der stolz die Geissel schwenkte,
Als ob er ein Viergespann im Trab
Mit sicherem Zügel lenkte.

Mit Hüh und Hott und manchem Hieb
Die Rosse wusst' er zu stärken,
Und dass der Karren stehen blieb,
Er schien es kaum zu merken.

*Er sah von seinem Sitz umher
Mit siegender Geberde,
Als ob er Phöbus Apollo wär'
Und lenkte die Sonnenpferde.*

*Als einen Professor der Philosophie
Hab' ich ihn später gesehen.
Er rief vom Katheder Hott und Hüh,
Der Karren aber blieb stehen.*

DER DICHTER LUMP.

Nun singen wir das Lied von Lump,
Dem Dichter nach neuestem Schnitt.
Er nahm von den Juden Geld auf Pump,
Drauf ward er Antisemit.

Er hetzte, gehüllt in des Schlafrocks Vliess,
Todmuthig die Völker zum Streit,
Und als er sein Mädchen sitzen liess,
Besang er die treulose Maid.

GETRENNTE WEGE.

Es waren einmal zwei Dichter,
Die brauchten viel Papier;
Sie hatten gelbe Gesichter
Und tranken dünnes Bier.

Der eine hiess es Lethe
Und pries der Musen Chor,
Der andre sang von Methe
Und lobte Asathor.

Der zweite hat stets verachtet
Antiker Leier Ton,
Der erste hatte gepachtet
Olymp und Helikon.

Solange sie Kräfte hatten,
Spuckten sie giftig sich an.
Dann stieg der eine als Schatten
In Charons morschen Kahn.

Der andre mit Schwanenschwingen
Auf zur Walhalla fuhr,
Und Beider Gedichte gingen
Den Weg der Makulatur.

DER SATIRIKER.

Neulich auf wenig betretenem Pfade
Schritt ich durch die Gebüsche dicht,
Sang dabei wie die Springcicade
Gut oder schlecht, ich weiss es nicht.
Plötzlich bekam ich einen Schlag,
Dass ich betäubt am Boden lag.
Wie ich erwacht aus Schmerz und Schrecken
Meinen Feind am Kragen will fassen,
Zieht ein Kerl mit knotigem Stecken
Lächelnd den Hut und spricht gelassen:
„Drum keine Feindschaft, Herr Lyriker,
Wisset, ich bin ein Satiriker."

DER MAI.

Ein warmer Regen war gefallen,
Im Garten schlugen die Nachtigallen,
Der Laube jugendgrün Geschling
Umflog ein gelber Schmetterling,
Und einen Silberstreifen zog
Die Schnecke über den Brunnentrog.
Da nahm ich mein Gartenmesser zur Hand
Und ging hinab in mein Gartenland
Um über die Pflanzen, die jungen und alten
Die Frühlingsmusterung abzuhalten.

Mit Freude sah ich in meinen Gehegen
Der Edelreiser knospenden Segen,
Des jungen Kirschbaums bräutliche Zier,
Den treibenden Weinstock am Spalier,
Die Kürbissaat an der Gartenmauer;
Ich sah mit stillem Wonneschauer

Des Riesenspargels Orgelpfeifen
Der Küchenpfann' entgegenreifen.
Dazu der West die Zweige bog,
Und Blüthenduft durch's Gärtlein zog,
Die Bienen an den Kelchen sogen,
Um ihren Kasten die Staare flogen
Und hoch am Dachgesims die Schwalben,
Kurz Lust und Freude allenthalben.
Da war es traun nicht wundersam,
Dass mir die Lust zu dichten kam.

Im Gartenhaus ein Tischlein steht
Mit Mappe und mit Schreibgeräth.
Dort sass ich nieder. — Blüthenbaum
Und Sonne, Wonne, Frühlingstraum,
Das alles ward zusammengewoben
Den Freudenbringer Mai zu loben.
Die Verse flossen wie die Bronnen,
  Manch zarter Gedanke ward eingesponnen,
Sodass ich selbst am Schlusse tief
Aufathmend dreimal Bravo rief.

Da kam vom Fliederbusch am Zaun
Geflogen ein Maienkäfer braun,
Umkreiste schnurrend mein Gelass
Und setzte sich nieder auf's Streusandfass
Und sprach: „Mit Gunst; steht Einer drauss,

Der bittet um Einlass in's Gartenhaus,
Ein feiner Knab und wohlgesittet.
Gönn' ihm die Rast, um die er bittet."
So sprach der Kerf, dann flog er wieder
Hinaus auf seinen spanischen Flieder.

Ich wandte mich. Ein Junggeselle
Schritt grüssend über meine Schwelle.
Sein seidnes Wams war grün wie Klee,
Gestickt mit Blumen weiss wie Schnee;
Ein Hütlein trug er auf den Locken
Geziert mit frischen Blüthenglocken.
Der sprach zu mir: „Mein Freund verzeih',
Wofern ich störe. — Ich bin der Mai,
Der Vielgeplagte. Gönn' dem Gast
Ein Viertelstündchen Ruh' und Rast."
So sprach der Knab, und seine Glieder
Behaglich streckend liess er sich nieder.

Was ich entgegnet, weiss ich nicht,
Doch schielt' ich dabei nach meinem Gedicht
Und sehnte den Augenblick herbei,
Es vorzulesen dem Junker Mai,
Als dieser wiederum begann:
„Du bist ein ruhiger, schlichter Mann
Und bist mir gut seit vielen Jahren;
Lass meinen Schmerz dir offenbaren.

Von allen Monden sicherlich
Ist keiner so gequält wie ich.
Des Morgens früh, des Abends spät
Von Dichtern werd' ich angekräht,
Auf allen Wegen, allen Stegen
Schallt mir ein Maienlied entgegen,
Und lass' ich regnen, lass' ich schnei'n
Und fahr' ich gar mit Hagel drein,
Mit Frost und wildem Wirbelwind,
Was hilft's? In tausend Bächen rinnt
Der Frühlingslyrik trüb Gewässer. —
Da hat's mein Freund, der Mond doch besser,
Denn der ist ohrenlos geboren,
Ich aber habe leider Ohren,
Und einunddreissig Tage lang
Quält sie der Menschheit Lenzgesang.
Ach, dass ich der April doch wär'!"
So sprach der Mai und seufzte schwer.

Ich aber zog vom Haupt die Kappe
Und warf sie auf meine Dichtermappe,
Damit mein Frühlingshymnus nicht
Dem Gaste komme zu Gesicht.
Dann sprachen wir von Wind und Regen
So, wie vernünftige Leute pflegen,
Bis dass dem Mai das Gähnen kam
Und er befriedigt Abschied nahm.

Er sprach zum Schluss: „Mein Freund fahrwohl
Und baue zufrieden Rüben und Kohl!
Wer Rüben baut und Spargel sticht,
Macht sicher keine Verse nicht."

Drauf gab er mir die Hand und schied.
Ich aber suchte hervor mein Lied
Und drehte aus dem Maiengruss
Mit Kunst einen schönen Fidibus,
Die Pfeife steckt' ich mir in Brand
Und ging zurück in's Gartenland
Und schnitt und grub und schanzte recht
Wie ein gedungener Gärtnerknecht.

Ich hab' darnach in stiller Nacht
Mein Abenteuer überdacht,
Und bei verschloss'ner Thür daheim
Hab' ich's gebracht in Vers und Reim
Zu Nutz und Frommen allen Collegen,
Und wollt' Ihr's drucken, meinetwegen.
Nur druckt mein Frühlingslehrgedicht
Ja vor dem ersten Juni nicht,
Damit der Mai nicht innewird,
Wie sehr er sich in mir geirrt.

EPISTEL.

Klagen und immer wieder Klagen
Ueber der Dichtkunst schnöden Verfall!
Glaube, auch mir liegt schwer im Magen,
Was mir der keuchende Postbriefträger
Bringt vom Autor oder Verleger,
Aber was helfen die Klagen all?
Sieh, ich hab' in einsamen Stunden
Ein Remedium aufgefunden.
Hat zum Exempel ein Moderoman,
Eine alberne Dorfgeschichte
Oder ein wäss'riges Heldengedichte
Eine Kränkung mir angethan,
Oder hat mir lyrischer Kunstwein
Haupt und Hirn gehüllt in Dunst ein,
Greif' ich nach meiner Panacee,
Das ist Hermann und Dorothee.

Da wird's licht in des Hauptes Schrein,
Als schiene die liebe Sonne hinein.
Was mir schwer auf dem Herzen gelegen,
Schmilzt wie Schnee im Frühlingsregen,
Und wie der Greis, der dem Jugendbade
Als blühender Knabe entstiegen wieder,
Also verspür' ich des Heilquells Gnade
Jüngend rieseln durch alte Glieder.

Heute Morgen sass ich einmal
Wieder in meinem Büchersaal —
Ist hoch unter dem Dach gelegen
Und heisst Saal nur des Reimes wegen —
Sass im Winkel und nahm zu mir
Obengenanntes Elixir,
Las das Buch von A bis Zet,
Und nachdem ich geschlürft die Labe,
Stellt' ich den Band auf das Bücherbrett,
Wo ich die Meister beisammen habe.
Denn die leidigen Epigonen,
Wie sie die Welt nun einmal nennt,
Nicht mit den Meistern zusammen wohnen,
Sondern stehen von diesen getrennt.
Ihrer Bände stattliche Zahl
Füllt ein hohes Bücherregal,
Dass man nur auf Leitersprossen
Klimmt zu den obersten Zeitgenossen.

Hu, *da stehen sie Reih' über Reih'*,
Reich verziert, je toller, je bunter,
Und ich selber mitten darunter,
Eine flimmernde Wüstenei.

Von der Zeitgenossen Betrachtung
Wandt' ich mich mit stiller Verachtung,
Und damit der gestärkten Seele
Ein gekräftigter Leib nicht fehle,
Liess ich die Bücher Bücher sein,
Schritt von dannen ohne Säumen
Um im Garten unter den Bäumen
Luft zu trinken und Sonnenschein.

Aber im Gärtlein hinter dem Haus,
Himmel, o Himmel, wie sah's da aus!
Herbstwind pfiff durch den alten Flieder,
Warf die Blätter zur Erde nieder.
Von der Laube morschen Planken
Hingen die dürren Geisblattranken.
Wo zur Sommerzeit lichtumflossen
Lilien gestanden im Gartenbeet,
Trieb das Wegekraut seine Sprossen,
Welches der Teufel ausgesät;
Statt des Lavendel und Thymian
Stachlige Disteln und Löwenzahn.
Und von dem Unkraut mancherlei

Baute sich eine Gedankenbrücke
Zu den Zeitgenossen zurücke,
Die ich verliess in der Bücherei.

Aber wie ich so durch das Gehege
Schritt auf halbverwachsenem Wege,
Sah ich ein Röslein im Kraut verborgen,
Schön und frisch wie im Maienmorgen.
Als ich freudig beuge den Rücken
Um die duftende Rose zu pflücken,
Schaut mich mit blauen Aeugelein
Freundlich an ein Gedenkemein,
Und daneben — wer hätt' es geglaubt?
Hebt eine Nelke das dunkele Haupt.

Also hab' ich auf wüstem Feld
Noch manch' prächtige Blume gefunden,
Habe sie sorglich mit Bast umwunden,
Habe den Strauss mir in's Zimmer gestellt,
Und umweht vom Dufte der Blüthe,
Die ich gepflückt unter Nessel und Distel,
Schrieb ich mit fröhlichem Gemüthe
Und blauer Tinte diese Epistel.
Findest du selbst nicht die Moral,
Schreib' ich sie dir ein andermal.

NOCH EINE EPISTEL.

Handschlag, Freund, und herzlichen Gruss!
Habe mit grossem Bedauern gelesen,
Wie ein böser Anonymus
Dich gekratzt mit dem kritischen Besen,
Etwas Schadenfreude — verzeih
Theurer Freund — ist auch dabei.
Schluck' die Pille! Es ist ganz gut,
Dass du nun auch weisst, wie es thut.
Lass dir aber bei Leibe nicht merken,
Dass dich die Bosheit des Schreibers verdross,
Dem, dessen Feder das Gift entfloss,
Thät es das Herz und die Nieren stärken
Komm, und dass sich die Stirn dir kläre,
Lass dir erzählen von mir eine Märe.
Zwar ein Märchen ist's eigentlich nicht,
Sondern vielmehr eine wahre Geschicht'.

War einmal ein junger Knab,
Wie es viele giebt und gab,

Trug die Haare wie eine Mähne,
Wandelte gern im Mondenscheine,
Weinte mitunter eine Thräne
Und citirte Heinrich Heine.
Also trieb er es Jahre lang,
Bis die Liebe ihn bezwang,
Bis sein Herz in allen Ehren
Für ein schönes Kind entbrannte,
Das er — niemand konnt' es ihm wehren —
Schlechthin seine Muse nannte.
Als sie gingen vom Traualtar,
Waren sie beide ein junges Paar,
Lebten zusammen in guter Ehe,
Theilten Wonne redlich und Wehe,
Und ihr Wunsch nach einem Kind
War nicht gesprochen in den Wind,
Denn es erschien nach Jahr und Tag
Eins im eh'lichen Selbstverlag.

Ei, wie freute der Vater sich da,
Als er das Kind seiner Muse sah
Sauber gewickelt im zierlichen Bettchen!
Und von der glücklichen Entbindung
Einen Bericht voll Schwung und Empfindung
Schrieb ihm ein Freund für das Wochenblättchen.
Vettern und Basen in hellen Haufen
Kamen dem Vater in's Haus gelaufen,

Wünschten ihm Glück zu dem Erstlingswerke,
Priesen des Kindes Schönheit und Stärke
Und die kräftige Stimme dazu. —
O du glückseliger Vater du!

Aber der Freude folgte die Trauer
Wie auf die Sonne der Regenschauer.
Kurze Zeit nach der Ostermessen
Thät man das Kind zu den Todten tragen,
Und es ward nach wenigen Tagen
Von den Menschen schnöde vergessen.

Er, dem die Hoffnung so kläglich zerrann,
Trug sein böses Geschick als Mann,
Und es folgte ziemlich geschwind
Auf das erste ein zweites Kind,
Kam just an für den Weihnachtstisch,
Sah gesund aus wie ein Fisch,
Aber nach einem halben Jahr
War es dort, wo das erste war.
Als ihm ein drittes ward todt geboren,
Gab der Vater die Hoffnung verloren,
Und den Jammer hinfort zu meiden,
Liess er sich von der Muse scheiden.

Weil nun das Leben ihm war vergällt
Sass er brütend im stillen Hause

Wie ein Kauz in der Felsenklause
Abgeschieden von aller Welt.
Aber an jedem Nachmittag,
Wenn aus der Schule die Kinder schwärmten
Und in den Gassen spielten und lärmten,
That er auf seinen Fensterschlag,
Schaute hinunter mit bösem Blick
Auf die Kinder und übte Kritik.

„Lieber Himmel, da schaut die Buben
Haben Köpfe wie Runkelruben,
Aber im Hirn kein Fünkchen Witz.
Ei wie wackelt — man möchte weinen —
Nachbars Franz auf den Säbelbeinen,
Und wie schielt der kleine Fritz!
Sieh da Lenchen! Das liebe Schätzchen
Sollte sich hinter dem Schleier verstecken,
Denn von hässlichen Sommerflecken
Is es gescheckt wie ein Tigerkätzchen,
Und ihr Bruder, der arme Junge,
Stottert und hat eine schwere Zunge.
Nachbars Gretchen, saubere Waare,
Aber die Haare, die rothen Haare!
Und das Lieschen, die zierliche Puppe,
Kraftlos wie eine Wassersuppe;
Wenn sie stürbe, es wär' ihr Glück. —
Ja, es geht mit der Welt zurück."

Ungefähr auf solche Weise
Schuf er Luft dem innern Grimme,
Und er sprach nicht etwa leise,
Nein, mit weit vernehmlicher Stimme,
Also dass sein Unkengesang
Oft den Eltern zu Ohren drang.
Dass des verbitterten Mannes Glossen
Manchen der Väter schwer verdrossen,
Das ist klar wie Sonnenlicht,
Denn wer liebt seine Kinder nicht?
Oft ward drohend emporgehoben
Eine festgeballte Hand,
Und manch Scheltwort flog nach oben,
Wo am Fenster der Arge stand,
Ja, es flog ihm wohl ein Stein
Glaszersplitternd ins Haus hinein.
Andre von ängstlichem Gemüthe
Schlugen ein den Weg der Güte,
Gingen dem Unhold um den Bart,
Schickten ihm Spenden aller Art,
Oder luden zu Tisch ihn ein,
Setzten ihm vor sein Leibgericht
Und dazu den feinsten Wein. —
Manchmal half's, manchmal auch nicht.

Neben dem Kritikus linker Hand,
Wohnte ein Mann von klarem Verstand,

Und es sprangen aus seinem Haus
Knaben grad wie die Orgelpfeifen.
Selbiger liess den Nachbar keifen,
Schloss das Fenster und lacht' ihn aus.
Und zu den Kindern sprach er so:
„Zwar ihr habt auch Fehler und Mängel,
Und seid keine unsterblichen Engel,
Aber auch Puppen nicht von Stroh.
Zieht als Zeugen meiner Kraft
Fröhlich hinaus auf die Wanderschaft.
Was ein hämischer Neidhart spricht,
Schadet gesunden Jungen nicht."

EIN DUTZEND PAPIERSCHNITZEL.

Kann ich nicht Dombaumeister sein,
Behau' ich als Steinmetz einen Stein.
Fehlt mir auch dazu Geschick und Verstand,
Trag' ich Mörtel herbei und Sand.

Sie sagen: Die Welt ist ein Narrenhaus;
Sich selber aber nimmt jeder aus.

Ein Lied ist wie ein Wanderstecken;
Den schneid' ich frisch von grünen Hecken
Und trag' ihn, wie er ist, nach Haus
Und schnitze daheim ihn sauber aus.

Hoffnung uns begleitet
Auf der Fahrt zum Glück,
Und Erinnrung leitet
Freundlich uns zurück.

Ziehst du aus im Morgenroth,
Merke den Spruch dir gut:
Besser im Sack ein Stücklein Brot
Als eine Feder am Hut.

Brave Zecher und edlen Wein
Triffst du selten im Verein.

Saurer Wein und brave Knaben
Sind weit häufiger zu haben.

Lieber mit Braven Krätzer getrunken
Als Champagner mit Halunken.

Der Lump, den über Nacht
Der Himmel reich gemacht,
Verzeiht dir eh'r den Stock
Als den geschenkten Rock.

Wer seine Dummheit verbergen kann,
Ist wahrlich nicht der dümmste Mann.

Das schlimmste Gift:
Tinte und Stift.

Habt ihr am Schönen euch erbaut,
Singt und schildert;
Habt ihr Schmutz und Elend geschaut,
Helft und mildert.

Zu Gottes Preis aus Feld und Auen
Tausend Lieder steigen.
Die Berge, die in den Himmel schauen,
Ehren den Herrn durch Schweigen.

Nachruhm ist der Leichenschmaus
In des Todten Sterbehaus.

ANHANG.

DAS LIED VOM HÜTES

GEWIDMET

MEINEN LIEBEN LANDSLEUTEN AN DER WERRA.

Fremdling, der du meinen Bahnen
Folgst als günstiger Begleiter,
Lass Dir rathen, lass Dich mahnen,
Lies bis hierher und nicht weiter!
Hat im Schilf des Werrastrandes
Deine Wiege nicht gewackelt,
Hat des Henneberger Landes
Wappenthier Dir nicht gegackelt,
Unverständlich, unverdaulich
Bleibt Dir ewig dieses Lied,
Und dem Fremdling wird es graulich,
Wenn er einen Hütes sieht.

*Vor langen Jahren schritt einmal
Frau Holle durch das Werrathal,
Um Segen mit den Götterhänden
Der jungen Wintersaat zu spenden.
Das war in alter Zeit ihr Brauch,
Und heut noch, glaubt mir, thut sie's auch,
Bevor sie deckt zur Winterruh'
Das Land mit weissen Federn zu. —
Es war ein guter Herbst gewesen,
Noch ging die Feldmaus Aehren lesen,
Der gelben Garben Segen aber,
Korn, Weizen, Gerste und der Haber
War eingeheimst nach alter Regel,
Und lustig klang der Drescher Flegel.
Auch Keltern knarrten hie und da,
Denn in der Zeit da dies geschah,
Im Werrathal an manchem Hang
Der Weinstock seine Reben schlang.*

*Es können, wie ich hörte sagen,
Auch Götter einen Trunk vertragen,
Und sündhaft wär' es doch Frau Hollen
Die Labe gönnen nicht zu wollen.
In grobes Tuch gehüllt den Leib,
Gestaltet wie ein Bauernweib,
Das Aepfel zu verkaufen hat,*

So ging sie in die Harfenstadt
Und schritt zur Herberg durstesvoll,
Wo Rebenblut aus Fässern quoll.
Was jüngst der Herbst gezeitigt sich
Am Bielstein und am Dieterich,
Aus eichenen Gebinden rann's
Am Schwabenberg im Schank zur Gans,
Der Lieblingsschenke unsrer Alten.
Dort thät Frau Holle Einkehr halten.
Dienstfertig vor die Göttin trug
Der Gastwirth einen grossen Krug,
Der barg in seines Bauches Weite
Weingartenthäler Schattenseite.
Frau Holle nahm den Krug, und — gluck —
That sie recht herzhaft einen Schluck.
Doch wie der Strom zu Thale lief,
Zog sich ihr Mund bedenklich schief.
Ihr war's, als ob die Kehle kratze
Der Hassfurt allerwildste Katze.
Sie hob sich eiligst von der Bank,
Bezahlte stumm den Schlehentrank,
Und von der Herberg schied im Grolle
Die schwer gekränkte Göttin Holle.
Ob sie daheim ihr grimmes Weh
Gelindert durch Kamillenthee,
Ich weiss es nicht. Doch weiss ich eines:
Vorbei war's mit der Zucht des Weines.

Es hat der Frost in einer Nacht
Die Reben alle umgebracht.

Wenn wir betrachten recht bei Licht,
Was wir im Zorn oft angericht't,
So schlägt uns der Gewissenshammer. —
Man nennt's moral'schen Katzenjammer.
Und auch Frau Hollen so geschah,
Als sie im Lenz die Winzer sah
Mit Thränen und gerung'nen Händen
In den verheerten Weingeländen.
Sie sprach mit sorglichen Geberden:
„Den Leuten muss geholfen werden,"
Und trat alsbald an sie heran
Und hob zu sprechen also an:
„Ihr Leute, lasst das Klagen sein
Und jammert nicht um euren Wein.
Der ist auf allezeit dahin,
Allein es ist nicht Schad' um ihn.
Was bessres weiss ich euch zu geben.
Da nehmt und pflanzt das statt der Reben."
Und aus der Schürze zog Frau Holle
Die mehlige Kartoffelknolle
Und segnete mit ihrer Hand
Die Ackerschollen und verschwand.

*Wo sonst der Winzer heiss sich mühte
Um Wein von zweifelhafter Güte,
Entstieg den braunen Furchen bald
Grün ein Kartoffelkräuterwald.
Mit starken Armen schwang im Acker
Die Waffe der Kartoffelhacker,
Sein Antlitz freudig war verklärt,
Wenn er die Säcke fruchtbeschwert
Am Abend durch die kühle Flur
Auf seinem Schubkarrn heimwärts fuhr.
Und wenn nach Sonnenuntergang
Vom Stadtkirchthurm die Glocke klang,
Stieg aus den Schlöten in die Luft
Ein zarter, bläulichgrauer Duft,
Woraus der Kenner schliessen mochte,
Dass man am Herd Kartoffeln kochte.
Mit hoher Freude sah Frau Holle
Den Segen der Kartoffelknolle,
Wenn sie mit leisem Geistertritt
Unsichtbar durch die Häuser schritt.
Sie sah, wie sich die Hausfrau mühte,
Die Erdfrucht röstete und brühte,
Wie sie mit Butter oder Schmalz,
Mit Kümmel oder scharfem Salz,
Mitunter auch durch einen Harung
Gab Würze der Kartoffelnahrung.
Das alles sah Frau Holle an*

Und hatte ihre Freude dran,
Und dennoch dachte sie bei sich:
„Ihr armen Leute dauert mich.
Noch habt ihr leider nicht entdeckt,
Was hinter der Kartoffel steckt
Und was die kund'ge Hand für Werke
Kann schaffen aus Kartoffelstärke."

So sprach Frau Holle, und alsbald
Ging sie in Küchenmagdgestalt
Bescheiden durch das Schlundhausthor
Und stellte sich dem Schlundwirth vor,
Der schmunzelnd auf die Köchin blickte
Und flugs sie in die Küche schickte.
Da stand sie nun in weisser Schürze
Und klapperte mit Topf und Stürze
Und liess den Wirth und seine Frauen
Ein seltsam Küchenkunststück schauen.

Der Bürgermeister jener Zeit,
Ein braver Mann und sehr gescheit,
Rechtgläubig, streng und sittenrein,
Wie stets die Bürgermeister sein —
Derselbige kam dazumal
Ermüdet aus dem Sitzungssaal,

Als eben aus dem Erdgeschoss
Ein süsses Duften sich ergoss,
Und schlau verfolgend die Gerüche
Kam der Gestrenge in die Küche.
Am Herde fand er stehn Frau Holle,
Und der geschwärzten Casserolle
Entstieg soeben riesengross
Ein dampfender Kartoffelkloss.
Die Göttin aber lichtumflossen
Von rothem Schimmer übergossen
Nach Art der überird'schen Geister
Stand blendend vor dem Bürgermeister
Und sprach: „Nun hab' ich euch gelehrt,
Wie man die Frucht, die ich bescheert,
Den Apfel aus der Erde Schoosse
Gestaltet zum Kartoffelklosse,
Wie man das Mark zerquetscht geschickt
Und wie man's rundet, wie man's spickt
Mit Bröcklein zart gebräunter Wecken.
Langt fröhlich zu und lasst's euch schmecken.
Du aber, Haupt des Magistrates,
Du leuchtend Licht des weisen Rathes,
Du Sohn uralten Stadtgeblütes,
Hier hast du das Receptum. — Hüt' es!"
Frau Holle sprach's, da war sie fort,
Ihr Werk, der Kloss, blieb aber dort.

Viel Wasser Werra-abwärts wallte,
Seitdem Frau Holle Klösse ballte,
Die heut in Stadt und Land zumeist
Der Mund des Volkes „Hütes" heisst.
Wohl hat der Bürger längst vergessen,
Wem er verdankt das Götteressen,
Um's Leben aber liess' er nicht
Von seinem Sonntagsleibgericht,
Das ihm die Magenwand umkleistert
Und ihn zu hoher That begeistert.
Wenn ihn der Wintersturm umtost,
Giebt ihm der Hütes Kraft und Trost,
Und kommt der Mai und grünt und blüht es,
Dann speist er freudig seinen Hütes,
Und trinkt er von des Todes Kelche,
So fragt er: „Giebt's auch drüben welche?"

Der dies gebracht in Vers und Reim,
Ist auch zu Haus in Hütesheim.
Er sang, als er am Südmeer sass
Und schnöde Maccaroni ass.
Und wie er ass und wie er sang,
Das bittre Heimweh ihn bezwang.
Ihm war's beim Maccaroniessen
Als knarrten fern Kartoffelpressen

Und ob sich zöge durch die Luft
Ein heimatlicher Hütesduft.
Er sendet dieses Lied als Gruss
Gen Meiningen am Werrafluss.
Empfangt es fröhlichen Gemüthes.
Fahrt wohl! — Das ist das Lied vom Hütes.

Druck von W. Drugulin in Leipzig.